$T_c{}^{11}{}_{232}$

Tc ''232

NOUVEAU
MANUEL DE SANTÉ,

OU

RECETTES POUR CONSERVER LA SANTÉ,
LA VIGUEUR ET LA BEAUTÉ,

Contenant les instructions les plus nécessaires pour prévenir les maladies, avec la manière d'arrêter leurs progrès, et d'en guérir une partie sans dépense, et presque sans remède,

*Recueillies par Ferdinand B***.*

Prix : 10 centimes.

LYON.

IMPRIMERIE DE BOURSY FILS,

RUE DE LA POULAILLERIE, N° 19.

1836.

(PROPRIÉTÉ DE L'AUTEUR.)

CONSERVATION
DE LA SANTÉ.

Pour se bien porter il faut vivre modérément, avoir confiance à la nature, et la laisser agir sans la troubler; aller, venir au grand air, travailler ou faire un exercice modéré, s'accoutumer aux rigueurs du temps et à toutes ses variétés, avoir soin de bien entretenir sa chaleur naturelle, tâcher d'être gai, éviter les chagrins, les grandes fatigues et tous les excès. Moins on fait d'excès, plus on a de santé.

DES MALADIES.

Les causes primitives de la mauvaise santé, des maladies et de la brièveté de la vie, sont pour la plupart inconnues, quelques-unes viennent des altérations accidentelles de l'air, et des vicissitudes de l'atmosphère, les autres (et c'est le plus grand nombre), sont des suites inséparables de notre nature, de nos usages, et sont en quelque façon notre propre ouvrage.

Les plus communes de ces causes, à part les accidens, sont les excès, c'est-à-dire, le trop ou le trop peu dans l'usage de l'air, des alimens, de l'exercice, du repos, du sommeil et des veilles, etc.

DE LA SOBRIÉTÉ.

Il faut avoir la plus grande attention de vivre avec sobriété, sans quoi on s'expose à devenir la proie des maladies. On ne doit manger qu'à proportion qu'on a faim, et en raison de ce qu'on agit moins : une petite quantité d'alimens bien digérés soutient mieux qu'une plus forte, mal digérée.

Les plus petits mangeurs ont ordinairement la santé constante, ils sont rarement incommodés; au lieu que les personnes qui mangent beaucoup, en prenant peu ou point d'exercice, sont sujettes à de fréquentes maladies et à devenir infirmes avant la vieillesse.

Rien ne contribue tant à conserver la vie et la santé qu'une extrême sobriété; nous en avons un exemple frappant dans la personne de Louis Cornaro; ce noble vénitien, se voyant à l'âge de 40 ans abandonné des médecins, pour un délabrement total de sa santé, parvint à la rétablir et à en jouir agréablement jusqu'à plus de 100 ans, en ne prenant chaque jour que douze onces de nourriture solide et quatorze de liquide. Sa nourriture ordinaire consistait en pain, potage, œufs, viandes légères, volailles et poissons. Il évitait, en outre, les échauffemens, les refroidissemens et les passions. Il mourut à Padoue, le 26 avril 1566, sain de corps et d'esprit.

Dans les campagnes où la sobriété est plus grande que dans les villes, la santé y est moins altérée, les maladies moins multipliées et moins compliquées.

Celui qui observe une vie frugale et réglée, ne peut devenir malade que fort rarement et pour peu de temps. Celui, au contraire, qui mange plus qu'il ne peut digérer, se prépare à ne pas vivre long-temps et à mourir subitement.

Pourquoi voyons-nous si peu de princes et de gens de qualité vivre long-temps ? parce qu'ils mangent trop de viande et de mets délicats, souvent sans faim et sans exercice. L'estomac chargé de tant de sortes d'alimens, engendre des enflures, des tremblemens, des fièvres, etc., et à la fin la mort avant le terme naturel.

Trop manger n'est qu'une habitude, de même que de manger à tous momens sans faim réelle ; il est mieux pour la santé de régler ses repas, en calmant les inquiétudes de l'estomac par un peu d'eau fraîche ; je dis un peu, parce qu'on ne doit boire, entre les repas, que lorsqu'on a bien soif.

DU BOIRE ET DU MANGER.

Il ne faut pas demeurer sans manger plus long-temps qu'on en a l'habitude ; nos humeurs deviennent épaisses, âcres et putrides, si on ne les répare par de nouvelles digestions. C'est surtout dans la jeunesse et la vieillesse qu'il est important de ne pas se priver des repas ordinaires.

Il est plus sain de faire plusieurs repas que de n'en faire qu'un seul.

Quiconque veut jouir d'une bonne santé, doit bien mâcher ses alimens avant de les avaler.

Les vieillards et les personnes faibles qui ont l'estomac délicat doivent manger peu à la fois, plus souvent, et mâcher long-temps, surtout s'ils ont perdu leurs dents.

Une règle de santé qui regarde tout le monde, c'est de se lever de table avec un peu d'appétit, surtout le soir.

Un léger souper avec un long sommeil est très-propre à soutenir les forces, et à entretenir la bonne santé.

Il est plus salutaire de se reposer après les repas qu'avant de manger.

DES ALIMENS.

Le pain est le premier, le plus universel et le plus essentiel des alimens. Celui de froment bien cuit doit être préféré.

Le pain empêche les autres alimens de se gâter dans l'estomac, et de rendre l'haleine mauvaise.

Les viandes fraîches, et surtout celles de jeunes animaux, se digèrent plus facilement que celles qui ont été gardées depuis quelques jours.

Les viandes bouillies, rôties ou grillées sont plus saines que les ragoûts.

Le maigre est en général plus sain que le gras. Les œufs frais, les poissons, les plantes potagères aprêtées simplement, ne peuvent causer aucune incommodité; mais le gras nourrit et soutient mieux les vieillards et les gens de travail.

DE L'EAU.

L'eau est la boisson prescrite par la nature pour tous les animaux. C'est la plus saine et la plus naturelle de toutes les boissons. Elle convient à toute sorte d'âge et de tempérament.

L'eau rafraîchit, humecte et aide à la digestion. C'est le premier dissolvant de la nature.

DU VIN.

Le vin est la première et la plus salutaire de toutes les liqueurs fermentées.

Le vin pris modérément, convient à tous les tempéramens, mais à des quantités différentes.

Le vin est salutaire aux vieillards, on a donc eu raison de l'appeler le lait de la vieillesse.

Les personnes qui aiment beaucoup le vin, mangent ordinairement peu.

Le vin est contraire aux jeunes gens, il accélère leur chaleur naturelle, les empêche de grandir, anime leurs passions, et émousse leur esprit.

Il est prouvé que les jeunes gens qui se livrent de bonne heure aux excès du vin, et s'en font une passion, parviennent rarement à un âge avancé.

L'excès du vin fait mal, ainsi que l'abus des meilleures choses. Le vin pris avec excès, échauffe, trouble le cerveau, dérange l'estomac, enivre et abrutit; de plus, il cause des tremblemens, affaiblit la mémoire et le jugement. Il fait naître encore différentes infirmités, et dispose de bonne heure à une vieillesse malheureuse.

Les vins fins, les liqueurs fortes et les mets recherchés, ne valent rien pour la santé.

DE LA BIÈRE.

La bière nourrit, engraisse et rafraîchit; elle est bonne à tous les tempéramens, excepté aux flegmatiques.

La bière tient le ventre libre, purifie la masse du sang, et pousse par les urines.

LE CAFÉ, LE THÉ, ETC.

Le café, le thé et les autres préparations chaudes, sont des boissons destructives, surtout dans les pays froids et humides. Leur trop grand usage noircit et gâte les dents, et détruit l'énergie de l'estomac.

DU LAIT.

Le lait nourrit, adoucit la poitrine et rafraîchit; il est contraire aux fiévreux et à ceux qui ont des obstructions et des aigreurs sur l'estomac.

Il y a des personnes qui rétablissent leur santé en se mettant au lait pour toute nourriture, d'autres le prennent seulement soir et matin.

Quand on prend le lait pour raison de santé, il ne faut boire que de l'eau, et s'interdire les ragoûts, les salades, les fruits et tous les acides.

DE L'EXERCICE.

La paresse affaiblit le corps et avance la vieillesse, au lieu que l'exercice le fortifie et prolonge la jeunesse. Sans l'exercice, la digestion, les sécrétions et excrétions se font mal, spécialement la transpiration; l'évacuation du ventre et l'écoulement des urines deviennent plus lents et plus difficiles; on dort moins, on a moins d'appétit, et on ne tarde guère à être attaqué de malaise, d'obstructions, ou autres indispositions ordinaires.

L'exercice ou le travail, surtout fait en plein air, endurcit le corps et fortifie les principes de la vie; témoins les laboureurs, les journaliers, les crocheteurs, les soldats, les voituriers, etc., qui conservent long-temps leur force et leur vigueur.

En général, l'exercice est nécessaire à tout âge, même dans la vieillesse, pour entretenir la force, la souplesse et le jeu des articulations, qui tendent à se roidir.

Nombre de vieillards n'ont perdu la santé et l'usage de leurs membres, que par suite d'un repos habituel.

DU SOMMEIL ET DE LA VEILLE.

Le sommeil est nécessaire à tout ce qui respire. Le sommeil rétablit les forces du corps et de l'esprit.

Il est essentiel pour la santé de se coucher de bonne heure et de se lever matin.

C'est une bonne méthode de se lever aussitôt qu'on ne dort plus. Par ce moyen on se prépare un repos facile pour la nuit.

La veille, poussée trop loin, échauffe, épuise les forces, dessèche le corps, diminue la transpiration, produit diverses maladies, et accélère la mort avant le terme naturel.

PRÉCAUTIONS NÉCESSAIRES POUR LA SANTÉ.

La plupart des maladies s'annoncent par des signes ou de légers commencemens. Eprouve-t-on des malaises, des frissons, des pesanteurs de tête, des abattemens, des rapports aigres, la bouche amère et des envies de vomir, il faut se mettre au régime, qui est de renoncer à tout travail violent, de manger peu, choisir ce qu'on digère le plus facilement, s'abstenir de vin, et boire abondamment le matin plusieurs verres d'eau tiède ou du petit-lait. L'eau panée miellée ou sucrée, l'eau acidulée d'un peu de vinaigre, ou de limonade, sont également propres à cet usage.

Le médecin Dumoulin a dit en mourant, qu'il laissait après lui deux remèdes souverains, la diète et l'eau.

LONGÉVITÉ.

On a observé que ceux qui sont parvenus dans l'âge le plus avancé, ne sont pas ceux qui ont été le mieux soignés, ni qui se sont le plus ménagés ; qu'au contraire, ce sont des personnes qui, pour la plupart, ont été élevées dans la misère ; et qui ont eu beaucoup de peines et de fatigues à soutenir.

De toutes les classes de la société, le laboureur est l'homme qui s'est écarté le moins des lois de la nature, et qui est arrivé au terme de la vieillesse souvent sans infirmités : nourri frugalement, et obligé depuis son enfance à s'occuper, dès le point du jour, de soins et de travaux pénibles, il a endurci son corps à la fatigue, et fortifié son tempérament par le grand air et l'habitude à supporter les mauvais temps. Une jeunesse passée dans des occupations semblables, sont pour l'ordinaire les fondemens d'une santé durable.

Après le laboureur, c'est l'ecclésiastique qui vit le plus long-temps. On trouve des exemples étonnans de longévité dans la classe de ces hommes respectables.

En 1758, mourut M. Albourg, curé de Saint-André de Valogne, diocèse d'Alais, âgé de 107 ans ; il ne buvait pas de vin, et ne vivait que de légumes.

La même année mourut M. Robion, curé de Dartres, diocèse de Vienne, âgé de 108 ans : il laissa à sa mort une servante âgée de 105 ans, qui l'avait toujours servi. Ils mangeaient leur soupe très-épaisse.

En 1780, mourut à Pettickau en Pologne, un évêque arménien, âgé de 131 ans : il ne buvait point de vin, et mangeait toujours ses alimens froids.

SINGULARITÉ.

En 1758, mourut le nommé Hispagnolo, maître en chirurgie, de la Barthe-sur-Mende, âgé de 112 ans :

il avait la coutume de s'enivrer tous les jours. C'est un exemple à admirer et non à imiter.

DE LA BEAUTÉ.

Après la santé, la beauté est le plus bel apanage que nous ait donné la nature, spécialement aux femmes, pour qui elle est d'un avantage admirable. Aussi en parlant de beauté, n'entends-je parler que de celle des femmes.

La beauté se conserve par les mêmes moyens que la santé, dont elle dépend en grande partie.

Les belles couleurs naturelles de la peau, sa fermeté, son coloris, ne sont conservés que par la bonne santé.

La beauté des belles proportions, des formes, qui peut s'altérer par le trop d'embonpoint, ou par la maigreur, se conserve en évitant l'excès de l'un et de l'autre. Les mauvaises digestions, les fatigues du corps, les veilles, les tourmens de l'esprit et des passions maigrissent.

Les alimens trop succulens, le trop de nourriture, le séjour au lit, le long sommeil, les bains chauds engraissent.

Choses qui contribuent à conserver et à augmenter
la beauté.

La sobriété, la tranquillité de l'âme, l'exercice modéré du corps, la grande propreté, les bains presque froids, le lait et l'eau pour boisson, l'air du matin ; le serein, la rosée, la promenade sur le bord des eaux, l'ombre des arbres, et surtout celle des forêts.

CHOSES CONTRAIRES.

L'intempérance, l'usage des viandes salées, ou desséchées, les chagrins, les passions, les peines d'esprit, les veilles prolongées et l'usage des plaisirs immodéré ; l'exposition trop répétée aux vents chauds, au soleil et à la poussière ; les travaux pénibles et les marches forcées, surtout dans les chaleurs.

CONSERVATION DE LA VUE.

Pour se conserver la vue, il faut avoir soin de prendre le grand air, et de se laver les yeux tous les matins avec de l'eau fraîche.

Les artisans qui travaillent près d'un feu ardent, comme les forgerons, les cuisiniers, etc., de même que ceux qui travaillent à l'ardeur du soleil, doivent se laver souvent les yeux dans la journée, s'ils veulent se les conserver.

CHOSES NUISIBLES A LA VUE.

La vivacité du soleil durant l'été, et l'hiver durant les neiges.

L'éclat éblouissant d'une vive lumière ou d'un feu ardent. (*Regarder le moins qu'on peut la lumière et le feu.*)

La poussière de toute espèce, la fumée, surtout celle de l'huile et de la graisse.

Les couleurs : le beau blanc, le rouge éclatant, l'écarlate et les ponceaux fins.

CHOSES FAVORABLES A LA VUE.

Le sommeil, le jour modéré, la fraîcheur et le grand air de la nuit.

Les couleurs : le vert, le bleu, le brun.

Les rideaux, les parasols verts, etc., conservent la vue, en affaiblissant l'activité des rayons du soleil, ainsi que l'usage des lunettes vertes.

CONSERVATION DES DENTS.

Les dents sont si utiles à la santé et à la beauté, qu'on ne saurait prendre trop de soins pour les conserver.

Les précautions qu'on doit prendre pour se conserver les dents, sont de les nettoyer et les laver tous les matins avec de l'eau, une brosse fine, ou avec la barbe d'une plume coupée en forme de vergette, afin d'enlever le sédiment des alimens, dont le séjour forme le tartre, qui, en s'épaississant, couvre les dents, détruit leur émail, pourrit et déchausse les gencives.

ATTENTIONS PARTICULIÈRES.

On ne doit pas rompre des corps trop durs, ni faire

des efforts trop rudes avec les dents, comme ceux qui cassent des noyaux : de tels efforts les ébranlent, détruisent leur émail, et les gâtent entièrement.

Le girofle mâché fait cracher, calme la douleur des dents, les conserve, et procure une fort bonne haleine.

REMÈDES

ET SECRETS POUR LA SANTÉ.

Pour délayer le sang et les humeurs : L'eau pour boisson, le petit-lait, l'eau de veau ou de poulet.

Pour adoucir, tant à l'intérieur qu'à l'extérieur : Le lait, le petit-lait, l'eau de veau, la décoction de graine de lin, d'orge ou d'avoine.

Pour faire vomir : L'émétique, l'ipécacuanha, l'eau chaude, le doigt ou la barbe d'une plume porté dans le gosier.

Pour relâcher le ventre : Les cerises fraîches à jeun, les raisins mangés à la rosée, les fruits cuits ou crus bien mûrs, le miel, l'eau froide et le petit-lait.

Pour resserrer le ventre : L'eau de riz, les œufs, les fèves, les viandes rôties, le vin vieux et le sucre.

Pour faire uriner : Le vin blanc, le petit-lait, les racines d'asperges, les raves, l'orge cuit, le nitre, etc.

Pour purger : Les sels purgatifs, la manne, la casse, le séné, la fleur de pêcher, etc.

Pour exciter et entretenir la sueur et la transpiration: Les habillemens chauds, les bouteilles d'eau chaude, les briques chauffées dans l'eau bouillante, la décoction de fleurs de sureau, de bourrache, d'hysope, etc.

Pour calmer l'irritation, et pour rafraîchir : L'air frais, les fraises, les framboises, les groseilles, les cerises, l'eau mêlée de vinaigre, le lait d'amandes, les semences de courge, de melon, les bains et demi-bains.

Pour échauffer : Le bon vin vieux, l'eau-de-vie radoucie, le poivre, les épices, l'ail, etc.

Pour les rhumes, la toux et l'enrouement : Un lait de poule, qui est le jaune d'un œuf délayé dans de l'eau chaude avec du sucre ; le lière terrestre, les fleurs de sureau, l'eau de raves cuites, l'eau de son bouillie avec du sucre ou du miel, ou coupée avec du lait ; le suc de réglisse noire, la pâte d'orge, etc.

Pour le mal de gorge ou de gosier : Les figues cuites dans du lait, l'eau d'orge avec du lait, ou du vin chaud avec du miel pour se gargariser la bouche et le gosier.

Inflammation de poitrine : Les bouillons d'escargots ou de poumon de veau cuit avec des raves, de l'orge ou du riz.

Indigestion ou surcharge d'estomac pour avoir trop mangé : La promenade, l'eau tiède, le thé, ou, ce qui est mieux, se faire vomir en portant le doigt ou la barbe d'une plume dans le gosier, et après se reposer.

Pour les boutons du visage : Enveloppez du salpêtre dans du linge, et faites-le tremper en eau claire pour en toucher les boutons.

Pour les dartres : Frottez-les de feuilles de fèves, ou faites cuire à dur des œufs frais, mâchez les moyeux, et en mettez dessus, ou lavez-les avec du lait frais ou de l'eau de mauve.

Pour les maux de lèvres : Faites fondre de la cire avec de l'huile d'olives, ou du suif seule.

Maux de tête, vertiges, étourdissemens habituels. RÉGIME : S'abstenir de vin, de nourritures échauffautes, peu ou point souper le soir, et prendre le grand air.

Maux d'yeux : Six cuillerées d'eau pure avec une d'eau-de-vie, et s'en bassiner les yeux.

Coliques : Graines d'anis, de coriandre ou de fenouil mâchées; la graine de lin, la feuille de menthe, ou le baume de jardin, bouillis dans de l'eau, pour boire chaud avec du sucre ou du lait. Quelques cuillerées d'huile d'olives et des lavemens.

Brûlures : Mettez la partie brûlée dans l'eau fraîche, ou appliquez-y une compresse trempée dans de l'eau froide, et renouvelez souvent. Un des meilleurs remèdes est de la crème fraîche, mêlée avec un blanc d'œuf, ou encore, de l'huile d'olives battue avec du vinaigre ou de l'eau.

Coupures : Rapprochez les bords de la plaie, et mettez dessus du tafetas d'Angleterre, ou pensez-la avec de la cire fondue, mêlée d'huile d'olives ou d'eau-de-vie.

Pour les plaies : Un jaune d'œuf mêlé avec autant de térébenthine, ou de la cire, ou de la poix fondue avec de l'huile d'olives.

Coupures et Ecorchures : Le meilleur des remèdes connue est le beurre brûlé avec du sucre.

RECETTES POUR LA BEAUTÉ.

Pour embellir et rendre frais sans jamais nuire au naturel de la beauté, même dans la vieillesse.

Pilez des oignons de lis, frottez-vous-en le visage ; cela le rend frais et beau, en ôte les rides, et étend la peau.

Pour décrasser le visage : Du jus de citron, ou du vinaigre avec de l'eau de fontaine.

Pour nettoyer le visage : Faites bouillir dans de l'eau, des grains ou de la farine de froment, pour s'en laver à froid.

Pour adoucir le teint : Eau de son, ou des tranches de citron bouillies dans de l'eau, pour se laver à froid.

Pour ôter les taches du visage : Faites bouillir de la graine de choux, de raves ou de moutardes dans de l'eau, avec un peu de vinaigre.

Pour nettoyer et blanchir les dents : Enveloppez, dans du papier, des racines de guimauve ; faites-les cuire sous les cendres chaudes ; étant cuites, faites les sécher, et vous en frottez les dents.

Quand les dents sont noires : Râpez bien fin de la croûte de pain brûlée, ou servez-vous de corail ou de kina en poudre.

Pour les maux de dents : Du coton imbibé d'esprit-de-vin ou d'eau-de-vie ; racine de pyrèthre, clou de girofle mâché, ou du poivre écrasé ; une gousse d'ail pilée avec du poivre.

Enveloppez la dent avec une feuille ou avec du papier mouillé, poudre de tabac.

FIN.